「意味順」だからできる！

小学生のための
英単語ドリル

はじめの一歩 2

田地野 彰 監修　中川 浩 著
Tajino Akira　Nakagawa Hiroshi

Jリサーチ出版

保護者の皆様へ

はじめに

　英語はますます重要になってきています。小学校では「英語が教科」として扱われ、中学や高校では「英語を英語で」学ぶことが推奨され、大学では「英語で学ぶ」授業が増えつつあります。

　しかしながら、いまだに「英語で文を作れない」「英語は難しい」と、英語学習に悩む中学生や高校生、大学生は少なくありません。

　これまでの英語学習では、英語について語ることはできても、英語を使うまでには至っていなかったのではないでしょうか。いま、英語の学び方が問われています。

　本書では「使う」ための英語の学び方として注目を集めている「意味順」をご紹介いたします。「意味順」の教育効果については、さまざまな研究により検証が行われ、その高い有効性は国内外の学術論文や専門書、学術会議などを通して発表されています。

英語の特徴

　英語には語句の順序が変わると、意味も変わるという特徴があります。英語は、単語の並べ方がとても重要な言語なのです。

　例えば、Tom ate the apple.（トムはりんごを食べた）を、語句の順序を誤って、The apple ate Tom.（りんごがトムを食べた）と言えば、意味はまったく通じません。

　では、どのように語句を並べればいいのでしょうか？

難解な文法用語は使わない

　語句の並べ方を学ぶ方法としては、これまでおもに「5 文型」と呼ばれる 5 つの文パターンが使われてきました。その方法では、主語や動詞、目的語といった難解な文法用語が用いられます。しかし、意味の観点から語句の並びをとらえ直してみると、基本的に、主語は「人や生き物」が中心で、動詞は「動作（する）と状態（です）」を表し、目的語には「人やモノ、コト」が該当します。

　つまり、「だれが」「する（です）」「だれ・なに」なのです！

英語は「意味順」で成り立っている

　この意味のまとまりの順序に沿って語句を並べれば、言いたいことを英語で表現できるようになります。この意味のまとまりの順序を「意味順」と呼んでいます。本書では、「意味順」を「だれが」「する（です）」「だれ・なに」「どこ」「いつ」の 5 つのボックスで示しています。

　例えば、「私はさくらです」「私は毎日家で英語を勉強します」を英語で表現すれば、次のようになるでしょう。

1）　私はさくらです。

だれが	する（です）	だれ・なに	どこ	いつ
私は	です。	さくら		
I	am	Sakura.		

2）　私は毎日家で英語を勉強します。

だれが	する（です）	だれ・なに	どこ	いつ
私は	勉強します。	英語を	家で	毎日
I	study	English	at home	every day.

　このように、英語の特徴を活かした「意味順」を使って英語を学べば、**自分の意見や考え、気持ちを英語で表現できるようになります。**

　本書を通して、お子様たちが、楽しみながら英語を学んでくれることを願っております。

監修者　田地野　彰
（「意味順」考案者）

もくじ

「だれが」「する（です）」「だれ・なに」に入ることば

テーマ1 「する（です）」に入ることば

テーマ2 「だれ・なに」に入ることば

テーマ3 「どこ」に入ることば

テーマ4 「いつ」に入ることば

「意味順」って何のこと？

英語は、

だれが	する（です）	だれ・なに	どこ	いつ

という順番で意味がまとまっています。
この「意味のまとまりの順じょ」のことを「意味順」とよびます。

例えば、「ぼくは / イヌを / かっている」だったら、

| だれが | = ぼくは（英語では "I"）

| する（です） | = かっている（英語では "have"）

| だれ・なに | = イヌ（英語では "a dog"）

という順じょに、英語を当てはめると

I have a dog.

という英語の文ができます。

とってもかんたんですよね！

このドリルでは、

だれが	する（です）	だれ・なに	どこ	いつ

を５つの「意味順」ボックス とよんでいます。

「意味順」ボックスを使えば、まるでパズルを当てはめていくように日本語を英語にしていくことができます。

言いたいことを英語で伝えられるように、いっしょに「意味順」を楽しみましょう！

この本のとくちょうと使い方

● だれが　する（です）　だれ・なに　どこ　いつ　の5つ
の「意味順」ボックスに当てはめるだけで正しい英語が書けるようになる！
●「意味順」ボックスが5色で色分けされており、小学生でもわかりやすい！
● 単語のなぞりから文を書くまでの4つのスモールステップをふむことで、英語の語
順ルールが定着！
● 音声ダウンロード付きで、発音・リスニングの練習ができる！

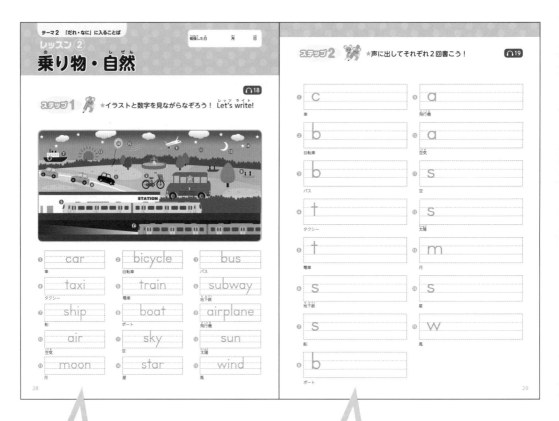

ステップ1

単語をなぞって覚えていきましょう。

ステップ2

声に出して1回または2回なぞりましょう。

音声のトラック番号を
表しています。

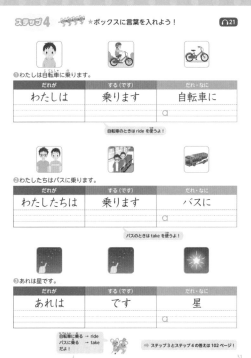

ステップ3

絵をヒントに単語を書きます。
テーマ3からはどこに入るか
分けてみましょう。

ステップ4

絵から単語を考えて、英語の
文を書いていく練習です。

音声ダウンロードについて

この本の音声は、英語→日本語の順番に流れます。
単語と文の発音・リスニングの確認、練習にご活用ください。

おうちの人に
やってもらってね！

かんたん！　音声ダウンロードのしかた

STEP1 インターネットで「https://audiobook.jp/exchange/jresearch」
にアクセス！

※「Ｊリサーチ出版のホームページ」(http://www.jresearch.co.jp) にある
「音声ダウンロード」のバナーをクリックしていただくか、上記の URL を入
力してください。

STEP2 表示されたページから、audiobook.jp への会員登録ページへ！

※音声のダウンロードには、オーディオブック配信サービス audiobook.jp
への会員登録（無料）が必要です。すでに、audiobook.jp の会員の方は
STEP3 へお進みください。

STEP3 登録後、再度 STEP1 のページにアクセスし、シリアルコードの
入力欄に「25106」を入力後、「送信」をクリック！

※作品がライブラリに追加されたと案内が出ます。

STEP4 必要な音声ファイルをダウンロード！

※スマートフォンの場合は、アプリ「audiobook.jp」の案内が出ますので、ア
プリからご利用ください。
※PC の場合は、「ライブラリ」から音声ファイルをダウンロードしてご利用く
ださい。

〈ご注意！〉

● PC からでも、iPhone や Android のスマートフォンやタブレットからでも音声を再生いただけます。
●音声は何度でもダウンロード・再生いただくことができます。
●ダウンロード・アプリについてのお問い合わせ先：info@febe.jp（受付時間：平日 10〜20 時）
※本サービスは予告なく変更・終了する場合があります。

「だれが」「する（です）」
「だれ・なに」に入ることば

おさらい

★ 「だれが」「する（です）」「だれ・なに」ボックスの中身をおさらいしよう！

🎧02

❶わたしはひさえです。

だれが	する（です）	だれ・なに
わたしは	です	ひさえ
	a	

❷かのじょはあやかです。

だれが	する（です）	だれ・なに
かのじょは	です	あやか
	i	

❸かのじょらはクラスメイトです。

だれが	する（です）	だれ・なに
かのじょらは	です	クラスメイト
	a	s

❹ひろしは先生です。

だれが	する（です）	だれ・なに
ひろしは	です	先生
	i	a

★ 「だれが」「する（です）」「だれ・なに」ボックスの中身^{なかみ}をおさらいしよう！

∩03

❺あれはわたしのねこです。

だれが	する（です）	だれ・なに
あれは	です	わたしのねこ
T		C

❻わたしのねこはかわいいです。

だれが	する（です）	だれ・なに
わたしのねこは	です	かわいい
M		C

❼あなたの友だちはやさしいです。

だれが	する（です）	だれ・なに
あなたの友だちは	です	やさしい
		k

❽かれのお父さんはせが高^{たか}いです。

だれが	する（です）	だれ・なに
かれのお父さんは	です	せが高い
		t

➡ 答えは99ページ！

11

おさらい

★ 「だれが」「する（です）」「だれ・なに」ボックスの中身_{なかみ}をおさらいしよう！

🎧04

❾あなたはねます。

だれが	する（です）	だれ・なに
あなたは	ねます	

❿あなたのお父さんははたらきます。

だれが	する（です）	だれ・なに
あなたのお父さんは	はたらきます	

さいごに s がつくよ

⓫わたしのお母さんは野菜_{やさい}を切ります。

だれが	する（です）	だれ・なに
わたしのお母さんは	切ります	野菜を
		s.

さいごに s がつくよ

⓬わたしたちは朝食を食べます。

だれが	する（です）	だれ・なに
わたしたちは	食べます	朝食を

➡ 答えは 99 ページ！

「する（です）」に入ることば

レッスン①
どうさ①

🎧 05

ステップ **1** ★イラストと数字を見ながらなぞろう！ レッツ ライト Let's write!

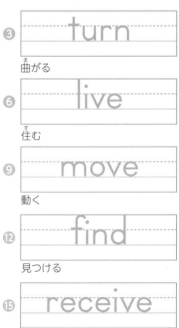

① meet with
（人に）会う

② touch
さわる

③ turn
曲がる

④ travel
旅行する

⑤ invite
しょうたいする

⑥ live
住む

⑦ go
行く

⑧ finish
終える

⑨ move
動く

⑩ check
かくにんする

⑪ return
返す、もどる

⑫ find
見つける

⑬ come
来る

⑭ send
送る

⑮ receive
受け取る

❶ m

（人に）会う

❷ t

さわる

❸ t

曲_まがる

❹ t

旅行_{りょこう}する

❺ i

しょうたいする

❻ l

住_すむ

❼ g

行く

❽ f

終_おえる

❾ m

動く

❿ c

かくにんする

⓫ r

返_{かえ}す、もどる

⓬ f

見つける

⓭ c

来る

⓮ s

送_{おく}る

⓯ r

受_うけ取_とる

ステップ **3** ★イラストをヒントに書こう！　🎧07

（人に）会う	送る	あなたたち

せいと	わたし	さわる

返す	住む	ひろし

★書いた単語はどちらに入るかな？　イラストをヒントに分けてみよう！

「だれが」に入ることば	「する（です）」に入ることば

❶そのせいとたちは本を4さつ返^{かえ}します。

だれが	する（です）	だれ・なに
そのせいとたちは	返します	本を4さつ
		four books.

❷わたしはひろしに会います。

だれが	する（です）	だれ・なに
わたしは	会います	ひろしに
		Hiroshi.

❸あなたたちは花を送ります。

だれが	する（です）	だれ・なに
あなたたちは	送ります	花を
		flowers.

➡ ステップ3とステップ4の答えは100ページ！

レッスン②
どうさ②

🎧09

ステップ 1 ★イラストと数字を見ながらなぞろう！ Let's write!

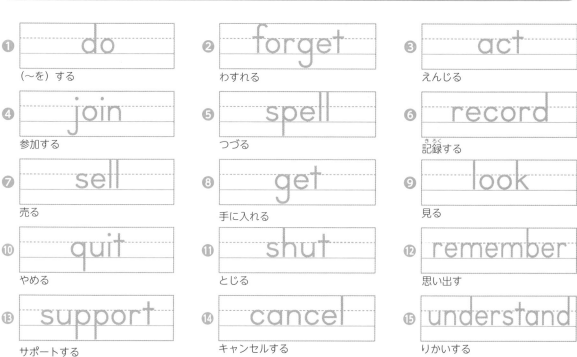

❶ do
（〜を）する

❷ forget
わすれる

❸ act
えんじる

❹ join
参加する

❺ spell
つづる

❻ record
記録する

❼ sell
売る

❽ get
手に入れる

❾ look
見る

❿ quit
やめる

⓫ shut
とじる

⓬ remember
思い出す

⓭ support
サポートする

⓮ cancel
キャンセルする

⓯ understand
りかいする

ステップ**2**　★声に出してそれぞれ 1 回または 2 回書こう！　🎧10

❶ d

（〜を）する

❷ f

わすれる

❸ a

えんじる

❹ j

参加する

❺ s

つづる

❻ r

記録する

❼ s

売る

❽ g

手に入れる

❾ l

見る

❿ q

やめる

⓫ s

とじる

⓬ r

思い出す（※1回）

⓭ s

サポートする（※1回）

⓮ c

キャンセルする

⓯ u

りかいする（※1回）

ステップ3 ★イラストをヒントに書こう！　🎧11

売る	ともこ	わたしたち

なみえ	する	えんじる

手に入れる	ともだち	キャンセルする

★書いた単語はどちらに入るかな？　イラストをヒントに分けてみよう！

「だれが」に入ることば	「する（です）」に入ることば

ステップ 4 ★ボックスに言葉をいれよう！ 🎧12

❶ なみえはかのじょのしゅくだいをします。

だれが	する（です）	だれ・なに
なみえは	します	かのじょのしゅくだいを
		her homework.

さいごに es がつくよ

❷ わたしはこのおくりものを手に入れました。

だれが	する（です）	だれ・なに
わたしは	手に入れました	このおくりものを
		this gift.

❸ ともこはかのじょのカメラを売ります。

だれが	する（です）	だれ・なに
ともこは	売ります	かのじょのカメラを
		her camera.

さいごに s がつくよ

➡ ステップ 3 とステップ 4 の答えは 100 ページ！

21

テーマ1 まとめ

★次の日本語を英語で書いてみよう！

する	返す	えんじる

終える	思い出す	行く

旅行する	りかいする	キャンセルする

やめる	記録する	参加する

★次の英語を日本語で書いてみよう！

support	touch	meet

spell	turn	sell

forget	cancel	look

find	receive	invite

➡ 答えは101ページ！

テーマ**2**

「だれ・なに」に入ることば

レッスン ①

色

🎧14

ステップ1 ★イラストと数字を見ながらなぞろう！ Let's write!

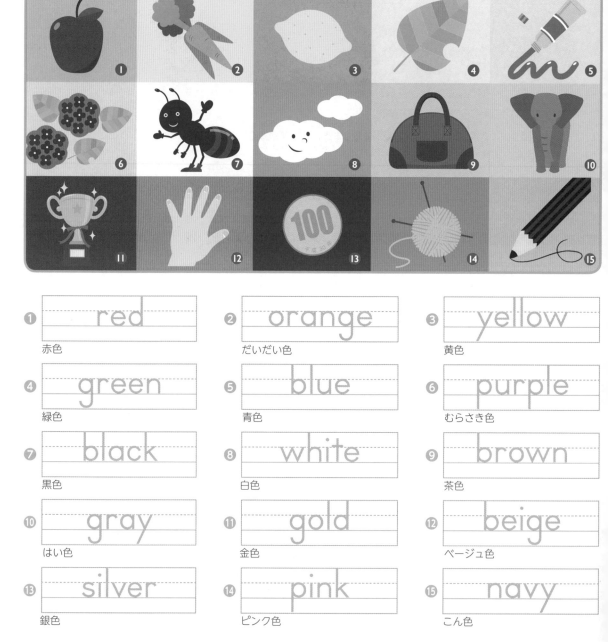

❶ red
赤色

❷ orange
だいだい色

❸ yellow
黄色

❹ green
緑色

❺ blue
青色

❻ purple
むらさき色

❼ black
黒色

❽ white
白色

❾ brown
茶色

❿ gray
はい色

⓫ gold
金色

⓬ beige
ベージュ色

⓭ silver
銀色

⓮ pink
ピンク色

⓯ navy
こん色

ステップ 2 ★声に出してそれぞれ2回書こう！ 🎧15

① r
赤色

② o
だいだい色

③ y
黄色

④ g
緑色

⑤ b
青色

⑥ p
むらさき色

⑦ b
黒色

⑧ w
白色

⑨ b
茶色

⑩ g
はい色

⑪ g
金色

⑫ b
ベージュ色

⑬ s
銀色

⑭ p
ピンク色

⑮ n
こん色

ステップ3 ★イラストをヒントに書こう！　🎧16

りんご	赤色	ねこ

です（「だれが」→かのじょ）	黒色	青色

です（「だれが」→かれら）	白色	いぬ

★書いた単語はどこに入るかな？　イラストをヒントに分けてみよう！

「だれが・なにが」に入ることば	「する（です）」に入ることば	「だれ・なに」に入ることば（色）

❶あれらのねこは黒色です。

だれが	する（です）	だれ・なに
あれらのねこは	です	黒色

2つより多いときはsがさいごにつくよ！

❷あの車は白色です。

だれが	する（です）	だれ・なに
あの車は	です	白色

❸これは赤ペンです。

だれが	する（です）	だれ・なに
これは	です	赤ペン
		a　　pen.

色は、「だれが」にもはいるよ！

➡ ステップ3とステップ4の答えは101ページ！

レッスン②
乗(の)り物・自然(しぜん)

🎧18

ステップ1 ★イラストと数字を見ながらなぞろう！ Let's write! (レッツ ライト)

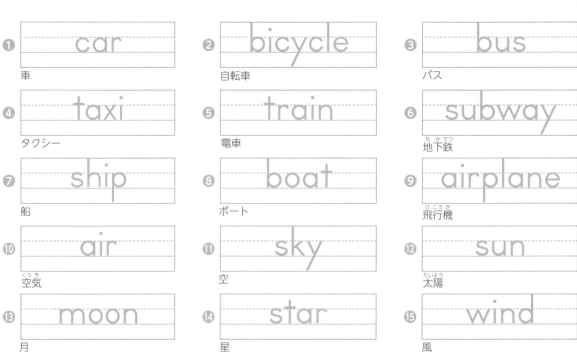

STATION

❶ car
車

❷ bicycle
自転車

❸ bus
バス

❹ taxi
タクシー

❺ train
電車

❻ subway
地下鉄(ちかてつ)

❼ ship
船

❽ boat
ボート

❾ airplane
飛行機(ひこうき)

❿ air
空気(くうき)

⓫ sky
空

⓬ sun
太陽(たいよう)

⓭ moon
月

⓮ star
星

⓯ wind
風

① c

車

② b

自転車

③ b

バス

④ t

タクシー

⑤ t

電車

⑥ s

地下鉄

⑦ s

船

⑧ b

ボート

⑨ a

飛行機

⑩ a

空気

⑪ s

空

⑫ s

太陽

⑬ m

月

⑭ s

星

⑮ w

風

ステップ3 ★イラストをヒントに書こう！　🎧20

(自転車に) 乗る	お父さん	電車

あれ	です（「だれが」→あれは）	月

(バスに) 乗る	地下鉄	星

★書いた単語はどこに入るかな？　イラストをヒントに分けてみよう！

「だれが」に入ることば	「する（です）」に入ることば	「だれ・なに」に入ることば

❶わたしは自転車に乗ります。

だれが	する（です）	だれ・なに
わたしは	乗ります	自転車に
		a

自転車のときは ride を使うよ！

❷わたしたちはバスに乗ります。

だれが	する（です）	だれ・なに
わたしたちは	乗ります	バスに
		a

バスのときは take を使うよ！

❸あれは星です。

だれが	する（です）	だれ・なに
あれは	です	星
		a

自転車に乗る → ride
バスに乗る → take
だよ！

➡ ステップ 3 とステップ 4 の答えは 102 ページ！

レッスン③
身の回りにあるもの

🎧22

 ステップ**1** ★イラストと数字を見ながらなぞろう！ Let's write!

① table
テーブル

② desk
つくえ

③ chair
いす

④ bed
ベッド

⑤ towel
タオル

⑥ calendar
カレンダー

⑦ telephone
電話

⑧ clock
とけい

⑨ television
テレビ

⑩ camera
カメラ

⑪ sofa
ソファー

⑫ book
本

⑬ soap
せっけん

⑭ box
箱

⑮ shoes
くつ（※ひと組）

① t
テーブル

② d
つくえ

③ c
いす

④ b
ベッド

⑤ t
タオル

⑥ c
カレンダー（※1回）

⑦ t
電話

⑧ c
とけい

⑨ t
テレビ（※1回）

⑩ c
カメラ

⑪ s
ソファー

⑫ b
本

⑬ s
せっけん

⑭ b
箱

⑮ s
くつ（※ひと組）

「くつ」はかたほうで
「shoe」。両方で「shoes」
となるよ！

33

ステップ3 ★イラストをヒントに書こう！ 🎧24

わたしたち

テレビ

ひさえ

なつか

買う

見る

せっけん

くつ

使う

★書いた単語はどこに入るかな？　イラストをヒントに分けてみよう！

「だれが」に入ることば	「する（です）」に入ることば	「だれ・なに」に入ることば

❶わたしたちはテレビを見ます。

だれが	する（です）	だれ・なに
わたしたちは	見ます	テレビを

❷ひさえはいくつかのせっけんを買います。

だれが	する（です）	だれ・なに
ひさえは	買います	いくつかのせっけんを
		some

さいごに s がつくよ

❸なつかはタオルを使います。

だれが	する（です）	だれ・なに
なつかは	使います	タオルを
		a

さいごに s がつくよ

➡ ステップ 3 とステップ 4 の答えは 102 ページ！

35

レッスン④
家のなかにあるもの

🎧26

ステップ1　★イラストと数字を見ながらなぞろう！　Let's write! <small>レッツ ライト</small>

① house
家

② garden
庭

③ kitchen
キッチン

④ wall
かべ

⑤ floor
ゆか

⑥ door
ドア

⑦ stairs
かいだん

⑧ window
まど

⑨ shower
シャワー

⑩ room
部屋

⑪ bed
ベッド

⑫ bathtub
バスタブ

⑬ shampoo
シャンプー

⑭ umbrella
かさ

⑮ toothbrush
歯ブラシ

❶ h

家

❷ g

庭

❸ k

キッチン

❹ w

かべ

❺ f

ゆか

❻ d

ドア

❼ s

かいだん

❽ w

まど

❾ s

シャワー

❿ r

部屋

⓫ b

ベッド

⓬ b

バスタブ

⓭ s

シャンプー

⓮ u

かさ

⓯ t

歯ブラシ（※ 1 回）

ステップ3 ★イラストをヒントに書こう！　🎧28

わたしたち

家

もえ

キッチン

そうじする

持つ

かれら

庭

まど

★書いた単語はどこに入るかな？　イラストをヒントに分けてみよう！

「だれが」に入ることば	「する（です）」に入ることば	「だれ・なに」に入ることば

❶わたしたちはそのまどをしめます。

だれが	する（です）	だれ・なに
わたしたちは	しめます	そのまどを
		the

❷もえはかのじょの部屋をそうじします。

だれが	する（です）	だれ・なに
もえは	そうじします	かのじょの部屋を
		her

さいごに s がつくよ

❸わたしの家は大きいです。

だれが	する（です）	だれ・なに
わたしの家は	です	大きい
		big.

➡ ステップ 3 とステップ 4 の答えは 103 ページ！

39

レッスン⑤

くらしで使うもの

🎧30

ステップ1 ★イラストと数字を見ながらなぞろう！ Let's write!

❶ cup
コップ

❷ glass
グラス

❸ dish
皿

❹ plate
プレート

❺ spoon
スプーン

❻ fork
フォーク

❼ knife
ナイフ

❽ chopsticks
はし

❾ album
アルバム

❿ key
かぎ

⓫ money
お金

⓬ photo
写真

⓭ card
カード

⓮ gift
おくりもの

⓯ case
ケース

❶ c

コップ

❷ g

グラス

❸ d

皿

❹ p

プレート

❺ s

スプーン

❻ f

フォーク

❼ k

ナイフ

❽ c

はし（※1回）

❾ a

アルバム

❿ k

かぎ

⓫ m

お金

⓬ p

写真

⓭ c

カード

⓮ g

おくりもの

⓯ c

ケース

41

ステップ3 ★イラストをヒントに書こう！　🎧32

pass key

wash dish

かれ	写真 （しゃしん）	お金

はらう	皿	わたす

かれら	あらう	かぎ

★書いた単語（たんご）はどこに入るかな？ イラストをヒントに分けてみよう！

「だれが」に入ることば	「する（です）」に入ることば	「だれ・なに」に入ることば

❶ かれらはいくつかの皿をあらいます。

だれが	する（です）	だれ・なに
かれらは	あらいます	いくつかの皿を
		some

❷ かれはお金をはらいます。

だれが	する（です）	だれ・なに
かれは	はらいます	お金を

さいごに s がつくよ

❸ あなたのお姉さんはそのかぎをわたします。

だれが	する（です）	だれ・なに
あなたのお姉さんは	わたします	そのかぎを
		the

さいごに es がつくよ

➡ ステップ 3 とステップ 4 の答えは 103 ページ！

レッスン⑥
学校にあるもの

🎧34

ステップ1 ★イラストと数字を見ながらなぞろう！　Let's write!

① textbook
教科書

② notebook
ノート

③ classroom
教室

④ subject
科目

⑤ diary
日記

⑥ school
学校

⑦ paper
紙

⑧ dictionary
辞書

⑨ blackboard
黒ばん

⑩ chalk
チョーク

⑪ name
名前

⑫ group
グループ

⑬ map
地図

⑭ question
しつもん

⑮ homework
しゅくだい

❶ t

教科書（※ 1 回）

❷ n

ノート（※ 1 回）

❸ c

教室（※ 1 回）

❹ s

科目

❺ d

日記

❻ s

学校

❼ p

紙

❽ d

辞書（※ 1 回）

❾ b

黒ばん（※ 1 回）

❿ c

チョーク

⓫ n

名前

⓬ g

グループ

⓭ m

地図

⓮ q

しつもん（※ 1 回）

⓯ h

しゅくだい（※ 1 回）

ステップ 3 ★イラストをヒントに書こう！ 🎧36

先生	ノート	学校

です（「だれが」→これは）	書く	教える

ひとみ	あれ	紙

★書いた単語はどこに入るかな？　イラストをヒントに分けてみよう！

「だれが」に入ることば	「する（です）」に入ることば	「だれ・なに」に入ることば

❶これはわたしの学校です。

だれが	する（です）	だれ・なに
これは	です	わたしの学校
		my

❷わたしたちの先生はいくつかのチョークを使^{つか}います。

だれが	する（です）	だれ・なに
わたしたちの先生は	使います	いくつかのチョークを
		some

さいごに s がつくよ

❸ひとみはその紙を切ります。

だれが	する（です）	だれ・なに
ひとみは	切ります	その紙を
		the

さいごに s がつくよ

➡ ステップ 3 とステップ 4 の答えは 104 ページ！

47

レッスン⑦
形と様子

🎧38

ステップ1 ★イラストと数字を見ながらなぞろう！　Let's write!

① new
新しい

② old
古い

③ hot
あつい

④ cold
冷たい

⑤ warm
あたたかい

⑥ cool
すずしい

⑦ sweet
あまい

⑧ salty
しょっぱい

⑨ bitter
にがい

⑩ sour
すっぱい

⑪ delicious
おいしい

⑫ big
大きい

⑬ soft
やわらかい

⑭ hard
かたい

⑮ small
小さい

① n

新しい

② o

古い

③ h

あつい

④ c

冷たい

⑤ w

あたたかい

⑥ c

すずしい

⑦ s

あまい

⑧ s

しょっぱい

⑨ b

にがい

⑩ s

すっぱい

⑪ d

おいしい（※1回）

⑫ b

大きい

⑬ s

やわらかい

⑭ h

かたい

⑮ s

小さい

ステップ 3 ★イラストをヒントに書こう！　🎧40

レモン	飲む	おいしい

冷たい	夕はん	すっぱい

食べる	あのジュース	その部屋

★書いた単語はどこに入るかな？　イラストをヒントに分けてみよう！

「だれが」に入ることば	「する（です）」に入ることば	「だれ・なに」に入ることば

❶そのレモンはすっぱいです。

だれが	する（です）	だれ・なに
そのレモンは	です	すっぱい
The		

❷その部屋は大きいです。

だれが	する（です）	だれ・なに
その部屋は	です	大きい
The		

❸あのジュースは冷_{つめ}たいです。

❸あのジュースは冷たいです。

だれが	する（です）	だれ・なに
あのジュースは	です	冷たい
That		

➡ ステップ3とステップ4の答えは104ページ！

51

レッスン⑧
様子と身体

🎧42

ステップ1 ★イラストと数字を見ながらなぞろう！ Let's write!

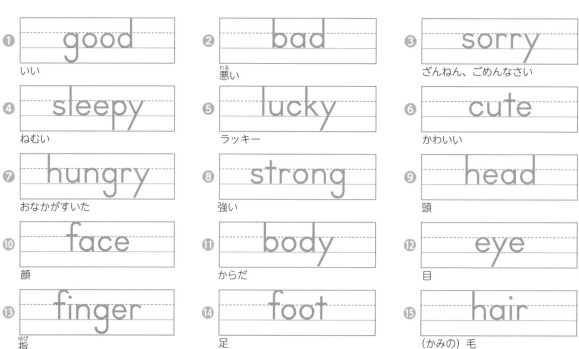

❶ **good**
いい

❷ **bad**
悪い

❸ **sorry**
ざんねん、ごめんなさい

❹ **sleepy**
ねむい

❺ **lucky**
ラッキー

❻ **cute**
かわいい

❼ **hungry**
おなかがすいた

❽ **strong**
強い

❾ **head**
頭

❿ **face**
顔

⓫ **body**
からだ

⓬ **eye**
目

⓭ **finger**
指

⓮ **foot**
足

⓯ **hair**
（かみの）毛

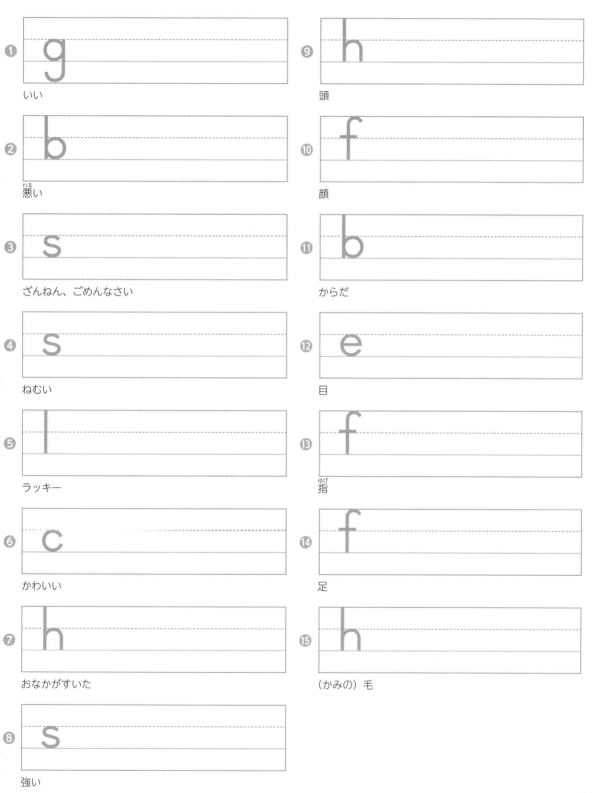

❶ g
いい

❷ b
悪い

❸ s
ざんねん、ごめんなさい

❹ s
ねむい

❺ l
ラッキー

❻ c
かわいい

❼ h
おなかがすいた

❽ s
強い

❾ h
頭

❿ f
顔

⓫ b
からだ

⓬ e
目

⓭ f
指

⓮ f
足

⓯ h
（かみの）毛

ステップ3 ★イラストをヒントに書こう！ 🎧44

かれ	です（「だれが」→かのじょら）	のむ

ねむい	足	です（「だれが」→わたし）

かわいい	あやか	わたし

★書いた単語はどこに入るかな？ イラストをヒントに分けてみよう！

「だれが」に入ることば	「する（です）」に入ることば	「だれ・なに」に入ることば

❶わたしたちはねむいです。

だれが	する（です）	だれ・なに
わたしたちは	です	ねむい

❷あやかはかわいいです。

だれが	する（です）	だれ・なに
あやかは	です	かわいい

❸これらはわたしの目です。

だれが	する（です）	だれ・なに
これらは	です	わたしの目
		my　　　　s

目は２つあるからｓがつくよ！

➡ ステップ３とステップ４の答えは105ページ！

55

レッスン⑨
様子とちがい

🎧46

ステップ1 ★イラストと数字を見ながらなぞろう！ Let's write!

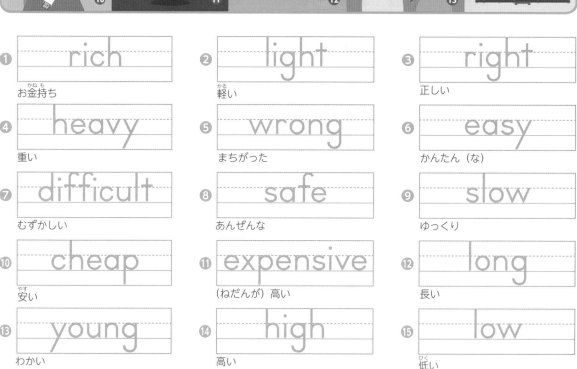

❶ rich
お金持ち

❷ light
軽い

❸ right
正しい

❹ heavy
重い

❺ wrong
まちがった

❻ easy
かんたん（な）

❼ difficult
むずかしい

❽ safe
あんぜんな

❾ slow
ゆっくり

❿ cheap
安い

⓫ expensive
（ねだんが）高い

⓬ long
長い

⓭ young
わかい

⓮ high
高い

⓯ low
低い

❶ r
お金持ち

❷ l
軽い

❸ r
正しい

❹ h
重い

❺ w
まちがった

❻ e
かんたん（な）

❼ d
むずかしい（※1回）

❽ s
あんぜんな

❾ s
ゆっくり

❿ c
安い

⓫ e
（ねだんが）高い（※1回）

⓬ l
長い

⓭ y
わかい

⓮ h
高い

⓯ l
低い

ステップ3 ★イラストをヒントに書こう！　　🎧48

おじいちゃん

楽しむ

かんたん（な）

かれの車

（ねだんが）高い

走る

長い

ひつよう 必要

しゅくだい

★書いた単語はどこに入るかな？　イラストをヒントに分けてみよう！

「だれが」に入ることば	「する（です）」に入ることば	「だれ・なに」に入ることば

❶かれの車は高いです。

だれが	する（です）	だれ・なに
かれの車は	です	高い

❷わたしのおじいちゃんはお金持ちです。

だれが	する（です）	だれ・なに
わたしのおじいちゃんは	です	お金持ち

❸このしゅくだいはかんたんです。

だれが	する（です）	だれ・なに
このしゅくだいは	です	かんたん

➡ ステップ3とステップ4の答えは105ページ！

レッスン⑩
教科・科目

🎧50

ステップ1 ★イラストと数字を見ながらなぞろう！ Let's write!

① class
授業

② English
英語

③ math
算数

④ history
歴史

⑤ science
理科

⑥ social studies
社会

⑦ Japanese
日本語

⑧ number
数

⑨ P.E
体育

⑩ gym
体育館

⑪ music
音楽

⑫ time
時間

⑬ adult
大人

⑭ child
子ども

⑮ baby
赤ちゃん

1 c

授業

2 E

英語（※1回）

3 m

算数

4 h

歴史

5 s

理科

6 s

社会（※1回）

7 J

日本語（※1回）

8 n

数

9 P

体育

10 g

体育館

11 m

音楽

12 t

時間

13 a

大人

14 C

子ども

15 b

赤ちゃん

ステップ **3** ★イラストをヒントに書こう！　🎧52

その子ども

英語

算数

かれ

愛する

音楽

あなた

勉強する

好き

★書いた単語はどこに入るかな？　イラストをヒントに分けてみよう！

「だれが」に入ることば	「する（です）」に入ることば	「だれ・なに」に入ることば

❶その子どもは音楽を愛します。＝音楽が大好きです。

だれが	する（です）	だれ・なに
その子どもは	愛します	音楽を

さいごに s がつくよ

❷わたしは英語が好きです。

だれが	する（です）	だれ・なに
わたしは	好きです	英語が

❸かれは算数を勉強します。

だれが	する（です）	だれ・なに
かれは	勉強します	算数を

形が studies にかわるよ　　➡ ステップ 3 とステップ 4 の答えは 106 ページ！

テーマ 2　まとめ

★次の日本語を英語で書いてみよう

赤色	ボート	電話

ソファー	黒ばん	はい色

紙	飛行機	タオル

皿	しゅくだい	教室

★次の英語を日本語で書いてみよう

navy	taxi	chair

box	house	chalk

map	gold	door

table	pink	camera

★次の日本語を英語で書いてみよう

新しい	正しい	小さい

すずしい	ねむい	ゆっくり

すっぱい	悪い	強い

やわらかい	軽い	冷たい

★次の英語を日本語で書いてみよう

old	difficult	foot

sweet	easy	good

face	hot	safe

lucky	big	cheap

➡ 答えは106ページ！

コラム

 56

★「小さい」や「新しい」などの様子や形をあらわすものは、
「だれ・なに」ボックスに入るほかの単語といっしょにしても使えるよ！

❶このねこは小さいです。

だれが	する（です）	だれ・なに
このねこは	です	小さい
This cat	is	small.

❷わたしは小さいねこが好きです。

だれが	する（です）	だれ・なに
わたしは	好きです	小さいねこが
I	like	small cats.

❸この本は新しいです。

だれが	する（です）	だれ・なに
この本は	です	新しい
This book	is	new.

❹これは新しい本です。

だれが	する（です）	だれ・なに
これは	です	新しい本
This	is	a new book.

❺わたしのペンは赤色です。

だれが	する（です）	だれ・なに
わたしのペンは	です	赤色
My pen	is	red.

❻その赤ペンはわたしのです。

だれが	する（です）	だれ・なに
その赤ペンは	です	わたしの
The red pen	is	mine.

「どこ」に入ることば

レッスン ①
国の名前

🎧57

 ★イラストと数字を見ながらなぞろう！ レッツ ライト Let's write!

❶ Japan
日本

❷ America
アメリカ

❸ England
イギリス

❹ China
中国

❺ Korea
かん国

❻ Australia
オーストラリア

❼ France
フランス

❽ Italy
イタリア

❾ Germany
ドイツ

❿ Canada
カナダ

⓫ Spain
スペイン

⓬ Mexico
メキシコ

⓭ Russia
ロシア

⓮ Egypt
エジプト

⓯ country
国

❶ J

日本

❷ A

アメリカ

❸ E

イギリス

❹ C

中国

❺ K

かん国

❻ A

オーストラリア（※1回）

❼ F

フランス

❽ I

イタリア

❾ G

ドイツ

❿ C

カナダ

⓫ S

スペイン

⓬ M

メキシコ

⓭ R

ロシア

⓮ E

エジプト

⓯ C

国

ステップ3  🎧59

（場所）〜 へ（に）= to ＋ 場所
（場所）〜 から = from ＋ 場所
（場所）〜（の中）に = in ＋ 場所

例）わたしはアメリカへ行きます。

だれが	する（です）	だれ・なに	どこ
わたしは	行きます	😴	アメリカへ
I	go		to America.

ここに入るよ！

★練習しよう！

❶あなたはロシア生まれです。

だれが	する（です）	だれ・なに	どこ
あなたは	です	😴	ロシア生まれ
You	are		from Russia.

「（〜から）生まれる」なので from を使うよ！

❷かのじょはオーストラリアに住んでいます。

だれが	する（です）	だれ・なに	どこ
かのじょは	住んでいます	😴	オーストラリアに
She	lives		in Australia.

「（〜の中）に住んでいる」なので in を使うよ！

❶あなたはアメリカへ行きます。

だれが	する（です）	だれ・なに	どこ
あなたは	行きます	🌙	アメリカへ

❷リサはイギリスから来ます。

だれが	する（です）	だれ・なに	どこ
リサは	来ます	🌙	イギリスから

s をつかうよ！　　　　「(～から)来る」なので from を使うよ！

❸わたしたちはフランスに住んでいます。

だれが	する（です）	だれ・なに	どこ
わたしたちは	住んでいます	🌙	フランスに

➡ ステップ3とステップ4の答えは 107 ページ！

レッスン②
まちの中にあるもの①

勉強した日　月　日

🎧61

ステップ1

★イラストと数字を見ながらなぞろう！　Let's write!

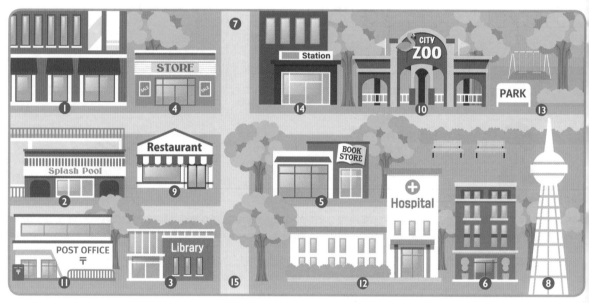

① supermarket
スーパー

② pool
プール

③ library
図書館

④ store
店

⑤ bookstore
本屋

⑥ hotel
ホテル

⑦ street
通り

⑧ tower
タワー

⑨ restaurant
レストラン

⑩ zoo
動物園

⑪ post office
ゆうびんきょく

⑫ hospital
病院

⑬ park
公園

⑭ station
駅

⑮ city
まち

① s
スーパー（※1回）

② p
プール

③ l
図書館

④ s
店

⑤ b
本屋（※1回）

⑥ h
ホテル

⑦ s
通り

⑧ t
タワー

⑨ r
レストラン

⑩ z
動物園

⑪ p
ゆうびんきょく（※1回）

⑫ h
病院

⑬ p
公園

⑭ s
駅

⑮ c
まち

ステップ3　🐨🐨🐨　　　🎧63

英語のルール

（場所）〜 で ＝ at ＋ 場所
（場所）〜 のそばで ＝ by ＋ 場所
（場所）〜 の中で ＝ in ＋ 場所

例）わたしはその図書館（の中）でその本を読みます。

だれが	する（です）	だれ・なに	どこ
わたしは	読みます	その本を	その図書館で
I	read	the book	(in) the library.

★練習しよう！

❶あなたのお父さんはそのホテルで働きます。

だれが	する（です）	だれ・なに	どこ
あなたのお父さんは	働きます	🌙	そのホテルで
Your father	works		(at) the hotel.

「（場所）〜で」なので at を使うよ！

❷わたしたちはその公園のそばで会います。

だれが	する（です）	だれ・なに	どこ
わたしたちは	会います	🌙	その公園のそばで
We	meet		(by) the park.

「（場所）〜のそばで」なので by を使うよ！

❶かれらはカフェ（の中）でランチを食べます。

だれが	する（です）	だれ・なに	どこ
かれらは	食べます	ランチを	カフェで

❷その先生は学校で英語を教えます。

だれが	する（です）	だれ・なに	どこ
その先生は	教えます	英語を	学校で

さいごに s がつくよ

❸その動物園はその駅のそばです。

だれが	する（です）	だれ・なに	どこ
その動物園は	です		その駅のそば

場所をあらわすことばも「だれが」に入ることがあるよ！

➡ ステップ3とステップ4の答えは107ページ！

レッスン ③
まちの中にあるもの②

🎧65

 ステップ1 ★イラストと数字を見ながらなぞろう！ Let's write!

❶ airport 空港	❷ bank 銀行	❸ company 会社
❹ museum 博物館	❺ aquarium 水族館	❻ factory 工場
❼ hall ホール	❽ movie theater えいがかん	❾ road 道
❿ temple 寺	⓫ church 教会	⓬ shrine 神社
⓭ castle しろ	⓮ police station けいさつしょ	⓯ apartment アパート

① a

空港

② b

銀行

③ c

会社

④ m

博物館

⑤ a

水族館

⑥ f

工場

⑦ h

ホール

⑧ m

えいがかん（※1回）

⑨ r

道

⑩ t

寺

⑪ c

教会

⑫ s

神社

⑬ c

しろ

⑭ p

けいさつしょ（※1回）

⑮ a

アパート（※1回）

ステップ3

英語のルール

（場所）〜 の下に ＝ under ＋ 場所
（場所）〜 の上に ＝ on ＋ 場所
（場所）〜 のとなり ＝ next to ＋ 場所

例）その銀行はその駅のとなりです。

だれが	する（です）	だれ・なに	どこ
その銀行は	です		その駅のとなり
The bank	is		next to the station.

★練習しよう！

❶その犬はテーブルのしたで水を飲みます。

だれが	する（です）	だれ・なに	どこ
その犬は	飲みます	水を	テーブルのしたで
The dog	drinks	water	under the table.

❷あれらの鳥たちは道の上にいます。

だれが	する（です）	だれ・なに	どこ
あれらの鳥たちは	います		道の上に
Those birds	are		on the road.

❶その箱はそのつくえの上です。

だれが	する（です）	だれ・なに	どこ
その箱は	です		そのつくえの上

❷そのしろはその公園のとなりです。

だれが	する（です）	だれ・なに	どこ
そのしろは	です		その公園のとなり

場所をあらわすことばも「だれが」に入ることがあるよ！

❸あなたのねこはわたしのアパートの下にいます。

だれが	する（です）	だれ・なに	どこ
あなたのねこは	います		わたしのアパートの下に

➡ ステップ3とステップ4の答えは108ページ！

テーマ3 まとめ

★次の日本語を英語で書いてみよう

店

銀行

日本

写真

レストラン

～の上で

カフェ

本屋

ホテル

★次の英語を日本語で書いてみよう

shopping mall

park

aquarium

Canada

Australia

China

company

post office

hospital

🎧70

★英単語をボックスにいれて文を完成させよう。

❶ その本屋はその駅のとなりです。

だれが	する（です）	だれ・なに	どこ
その本屋は	です		その駅のとなり

（場所）〜のとなり＝ next to 〜

❷ わたしはスペインに行きます。

だれが	する（です）	だれ・なに	どこ
わたしは	行きます		スペインに

（場所）〜へ（に）＝ to 〜

❸ かれはその動物園からバスに乗ります。

だれが	する（です）	だれ・なに	どこ
かれは	乗ります	バスに	その動物園から

（場所）〜から＝ from 〜

➡ 答えは108ページ！

数字コラム

★人、食べ物、乗り物など、数が数えられるものは、ひとつのときは a をさいしょに、いくつかあるときは s をさいごにつけよう！

ひとつのとき　　　　　　　　いくつかあるとき

友だち	友だち	友だち
friend	ⓐ friend	friend ⓢ

せいと	せいと	せいとたち
student	ⓐ student	student ⓢ

先生	先生	先生たち
teacher	ⓐ teacher	teacher ⓢ

ねこ	ねこ	ねこたち
cat	ⓐ cat	cat ⓢ

トマト	トマト	トマト
tomato	ⓐ tomato	tomato ⓢ

車	車	車
car	ⓐ car	car ⓢ

★ apple（リンゴ）、orange（みかん）、egg（たまご）など、「アイウエオの音（母音）」からはじまる時は、a じゃなくて an になるよ！

ひとつのとき　　　　　　　　いくつかあるとき

りんご	りんご	りんご
apple	ⓐⓝ apple	apple ⓢ

みかん	みかん	みかん
orange	ⓐⓝ orange	orange ⓢ

たまご	たまご	たまご
egg	ⓐⓝ egg	egg ⓢ

テーマ **4**

「いつ」に入ることば

レッスン ①
月をあらわすことば

🎧72

 ステップ **1** ★イラストと数字を見ながらなぞろう！　レッツ　ライト　Let's write!

❶ January
1月

❷ February
2月

❸ March
3月

❹ April
4月

❺ May
5月

❻ June
6月

❼ July
7月

❽ August
8月

❾ September
9月

❿ October
10月

⓫ November
11月

⓬ December
12月

⓭ birthday
たん生日

⓮ month
月

⓯ party
パーティー

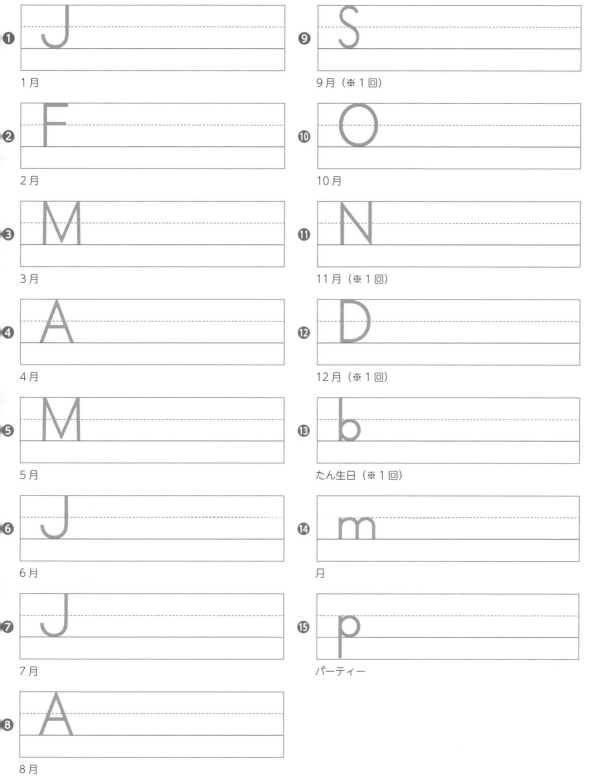

❶ J
1 月

❷ F
2 月

❸ M
3 月

❹ A
4 月

❺ M
5 月

❻ J
6 月

❼ J
7 月

❽ A
8 月

❾ S
9 月（※ 1 回）

❿ O
10 月

⓫ N
11 月（※ 1 回）

⓬ D
12 月（※ 1 回）

⓭ b
たん生日（※ 1 回）

⓮ m
月

⓯ p
パーティー

ステップ3  ∩74

英語のルール

$$○月 = in + ○月$$

例）わたしのたんじょう日は8月です。

だれが	する（です）	だれ・なに	どこ	いつ
わたしのたんじょう日は My birthday	です is		💤	8月 in August.

ここに入るよ！

★練習しよう！

❶そのパーティーは4月です。

だれが	する（です）	だれ・なに	どこ	いつ
そのパーティーは The party	です is		💤	4月 in April.

❷かのじょたちは3月に奈良に行きます。

だれが	する（です）	だれ・なに	どこ	いつ
かのじょたちは They	行きます go	💤	奈良に to Nara	3月に in March.

❶あなたのたんじょう日は 11 月です。

だれが	する（です）	だれ・なに	どこ	いつ
あなたのたんじょう日は	です		💤	11 月

❷わたしたちは 9 月に野球をします。

だれが	する（です）	だれ・なに	どこ	いつ
わたしたちは	します	野球を	💤	9 月に

❸かれらは 2 月にフランスで会います。

だれが	する（です）	だれ・なに	どこ	いつ
かれらは	会います	💤	フランスで	2 月に

➡ ステップ 4 の答えは 109 ページ！

レッスン②
曜日をあらわすことば

🎧76

ステップ**1** ★イラストと数字を見ながらなぞろう！ Let's write!

①  Monday
月曜日

② Tuesday
火曜日

③ Wednesday
水曜日

④ Thursday
木曜日

⑤ Friday
金曜日

⑥ Saturday
土曜日

⑦ Sunday
日曜日

⑧ weekday
平日

⑨ weekend
週末

⑩ morning
朝

⑪ afternoon
午後

⑫ evening
夕がた

⑬ night
夜

⑭ every day
毎日

⑮ holiday
休日

❶ M

月曜日

❷ T

火曜日

❸ W

水曜日

❹ T

木曜日

❺ F

金曜日

❻ S

土曜日

❼ S

日曜日

❽ W

平日

❾ w

週末

❿ m

朝

⓫ a

午後

⓬ e

夕がた

⓭ n

夜

⓮ e

毎日

⓯ h

休日

ステップ3

🔊78

英語のルール

〇曜日 = on + 〇曜日 (s)
毎週〇曜日 = every + 〇曜日

例) ともこは火曜日に英語を教えます。

だれが	する (です)	だれ・なに	どこ	いつ
ともこは	教えます	英語を		火曜日に
Tomoko	teaches	English		on Tuesdays

〇曜日のときはsがつくよ！

★練習しよう！

❶ひさえは週末に白い車を運転します。

だれが	する (です)	だれ・なに	どこ	いつ
ひさえは	運転します	白い車を		週末に
Hisae	drives	a white car		on the weekend.

週末= weekend のときは the がつくよ！

❷かれらは毎週水曜日に東京に行きます。

だれが	する (です)	だれ・なに	どこ	いつ
かれらは	行きます		東京に	毎週水曜日に
They	go		to Tokyo	every Wednesday.

毎週= every をつかうよ！

❶わたしは毎週土曜日にサッカーをします。

だれが	する（です）	だれ・なに	どこ	いつ
わたしは	します	サッカーを		毎週土曜日に

❷えりとりかは毎日朝ごはんを食べます。

だれが	する（です）	だれ・なに	どこ	いつ
えりとりかは	食べます	朝ごはんを		毎日

❸マイクは木曜日にテニスをします。

だれが	する（です）	だれ・なに	どこ	いつ
マイクは	します	テニスを		木曜日に

➡ ステップ4の答えは109ページ！

レッスン③
季節・時間
（きせつ・じかん）

🎧80

 ステップ1 ★イラストと数字を見ながらなぞろう！ Let's write!

❶ minute
分

❷ hour
時間

❸ day
日

❹ week
週

❺ month
月

❻ year
年

❼ a.m.
午前

❽ p.m.
午後

❾ o'clock
〜時

❿ today
今日

⓫ spring
春

⓬ summer
夏

⓭ autumn
秋

⓮ winter
冬

⓯ now
今

❶ m

分

❷ h

時間

❸ d

日

❹ w

週

❺ m

月

❻ y

年

❼ a

午前

❽ p

午後

❾ o

～時

❿ t

今日

⓫ s

春

⓬ s

夏

⓭ a

秋

⓮ w

冬

⓯ n

今

ステップ3  🎧82

★次の日本語を英語で書いてみよう

あなた	英語	勉強します

わたしたち	食べます	夕はん

午後6時に	今日	わたしの部屋

★書いた単語はどこに入るかな？ イラストを見て分けてみよう！

「だれが」に入ることば	「する（です）」に入ることば

「だれ・なに」に入ることば	「どこ」に入ることば	「いつ」に入ることば

❶あなたは今日英語を勉強します。

だれが	する（です）	だれ・なに	どこ	いつ
あなたは	勉強します	英語を	🌙	今日

❷わたしたちは午後6時に夕はんを食べます。

だれが	する（です）	だれ・なに	どこ	いつ
わたしたちは	食べます	夕はんを	🌙	午後6時に

❸わたしは午後9時にわたしの部屋（の中）でねます。

だれが	する（です）	だれ・なに	どこ	いつ
わたしは	ねます	🌙	わたしの部屋で	午後9時に

➡ ステップ4の答えは110ページ！

テーマ4　まとめ

★次の日本語を英語で書いてみよう

1月

2月

9月

月曜日

冬

午前

金曜日

5月

週

★次の英語を日本語で書いてみよう

June

year

morning

July

math

history

p.m.

weekend

autumn

★英単語をボックスにいれて文を完成させよう。

❶あなたのたんじょう日は4月です。

だれが	する（です）	だれ・なに	どこ	いつ
あなたのたんじょう日は	です			4月

❷わたしたちは夏にサッカーをします。

だれが	する（です）	だれ・なに	どこ	いつ
わたしたちは	します	サッカーを		夏に

❸かれらは今日駅から歩きます。

だれが	する（です）	だれ・なに	どこ	いつ
かれらは	歩きます		駅から	今日

➡ 答えは110ページ！

数字コラム

★英語で数字の数え方をおぼえよう！なぞってみよう！

1	2	3	4	5
one	two	three	four	five
6	7	8	9	10
six	seven	eight	nine	ten
11	12	13	14	15
eleven	twelve	thirteen	fourteen	fifteen
16	17	18	19	20
sixteen	seventeen	eighteen	nineteen	twenty

★数字を文の中に使いたいときは使いたい単語の前に書こう！

クラスメイト	➡	2人のクラスメイト
a classmate		two classmates

★「多くの」と言いたいときは many を使おう！

友だち	➡	多くの友だち
a friend		many friends

★「いくつかの」と言いたいときは some を使おう！

皿	➡	いくつかの皿
a dish		some dishes

答え

まちがったところはしっかり覚えてね。

● 10、11 ページ

勉強した日　　月　　日

おさらい

★ 「だれが」「する（です）」「だれ・なに」ボックスの中身をおさらいしよう！　　🎧02

①わたしはひさえです。

だれが	する（です）	だれ・なに
わたしは	です	ひさえ
I	am	Hisae.

②かのじょはあやかです。

だれが	する（です）	だれ・なに
かのじょは	です	あやか
She	is	Ayaka.

③かのじょらはクラスメイトです。

だれが	する（です）	だれ・なに
かのじょらは	です	クラスメイト
They	are	classmates.

④ひろしは先生です。

だれが	する（です）	だれ・なに
ひろしは	です	先生
Hiroshi	is	a teacher.

★ 「だれが」「する（です）」「だれ・なに」ボックスの中身をおさらいしよう！　　🎧03

⑤あれはわたしのねこです。

だれが	する（です）	だれ・なに
あれは	です	わたしのねこ
That	is	my cat.

⑥わたしのねこはかわいいです。

だれが	する（です）	だれ・なに
わたしのねこは	です	かわいい
My cat	is	cute.

⑦あなたの友だちはやさしいです。

だれが	する（です）	だれ・なに
あなたの友だちは	です	やさしい
Your friend	is	kind.

⑧かれのお父さんはせが高いです。

だれが	する（です）	だれ・なに
かれのお父さんは	です	せが高い
His father	is	tall.

➡ 答えは99ページ！

● 12 ページ

おさらい

★ 「だれが」「する（です）」「だれ・なに」ボックスの中身をおさらいしよう！　　🎧04

⑨あなたはねます。

だれが	する（です）	だれ・なに
あなたは	ねます	🌙
You	sleep.	

⑩あなたのお父さんははたらきます。

だれが	する（です）	だれ・なに
あなたのお父さんは	はたらきます	🌙
Your father	works.	

⑪わたしのお母さんは野菜を切ります。

だれが	する（です）	だれ・なに
わたしのお母さんは	切ります	野菜を
My mother	cuts	vegetables.

⑫わたしたちは朝食を食べます。

だれが	する（です）	だれ・なに
わたしたちは	食べます	朝食を
We	eat	breakfast.

➡ 答えは99ページ！

答え

● 16、17 ページ

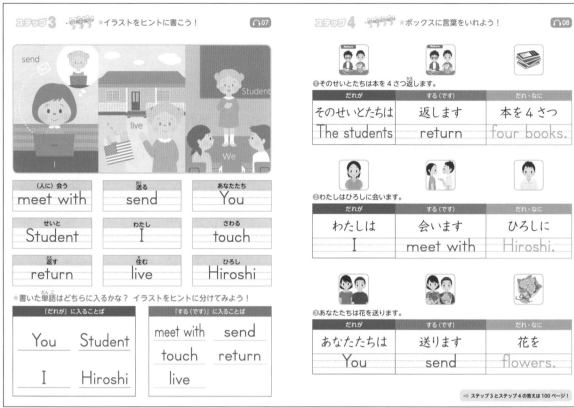

● 20、21 ページ

● 22 ページ

テーマ1　まとめ　🎧13

★次の日本語を英語で書いてみよう！

する	返す	えんじる
do	return	act

終える	思い出す	行く
finish	remember	go

旅行する	りかいする	キャンセルする
travel	understand	cancel

やめる	記録する	参加する
quit	record	join

★次の英語を日本語で書いてみよう！

support	touch	meet
サポートする	さわる	会う

spell	turn	sell
つづる	曲がる	売る

forget	cancel	look
わすれる	キャンセルする	見る

find	receive	invite
見つける	うけとる	しょうたいする

● 26、27 ページ

ステップ3　★イラストをヒントに書こう！　🎧16

りんご	赤色	ねこ
Apple	red	Cat

です（「だれが」→かのじょ）	黒色	青色
is	black	blue

です（「だれが」→かれら）	白色	いぬ
are	white	Dog

★書いた単語はどこに入るかな？　イラストをヒントに分けてみよう！

「だれが・なにが」に入ることば	「する（です）」に入ることば	「だれ・なに」に入ることば（色）
Apple		red
Cat	is	black
		blue
Dog	are	white

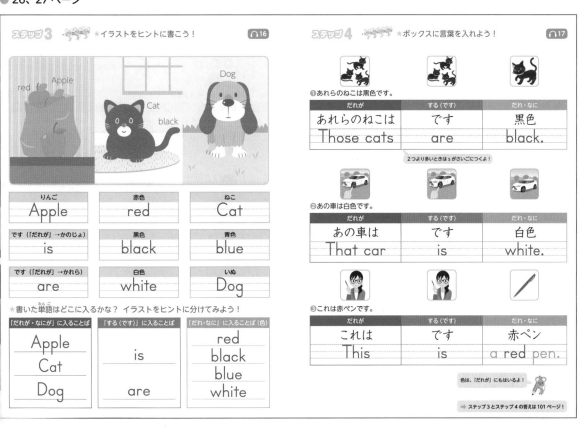

ステップ4　★ボックスに言葉を入れよう！　🎧17

①あれらのねこは黒色です。

だれが	する（です）	だれ・なに
あれらのねこは	です	黒色
Those cats	are	black.

2つより多いときはsがさいごにつくよ！

②あの車は白色です。

だれが	する（です）	だれ・なに
あの車は	です	白色
That car	is	white.

③これは赤ペンです。

だれが	する（です）	だれ・なに
これは	です	赤ペン
This	is	a red pen.

色は、「だれが」にもはいるよ！

➡ ステップ3とステップ4の答えは101ページ！

答え

● 30、31 ページ

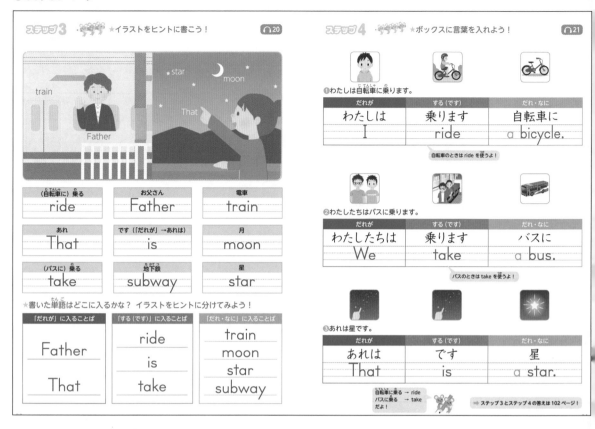

● 34、35 ページ

● 38、39 ページ

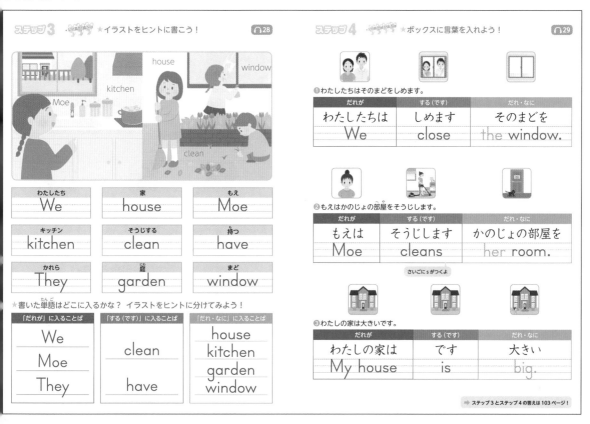

● 42、43 ページ

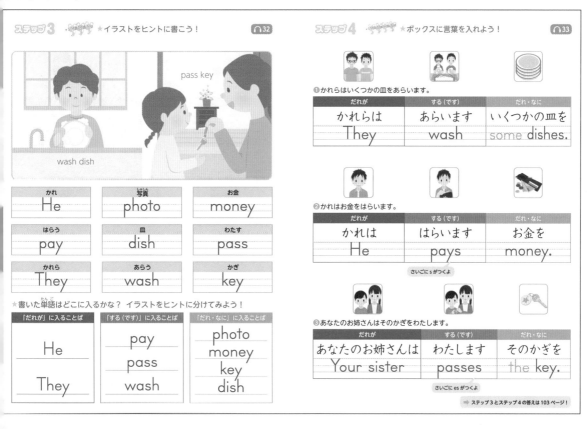

答え

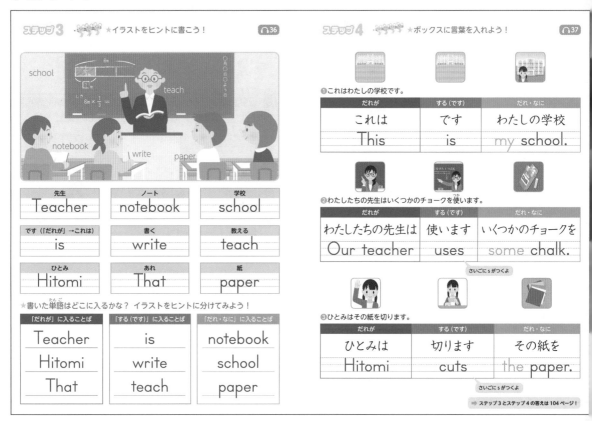

● 54、55 ページ

● 58、59 ページ

答え

● 62、63 ページ

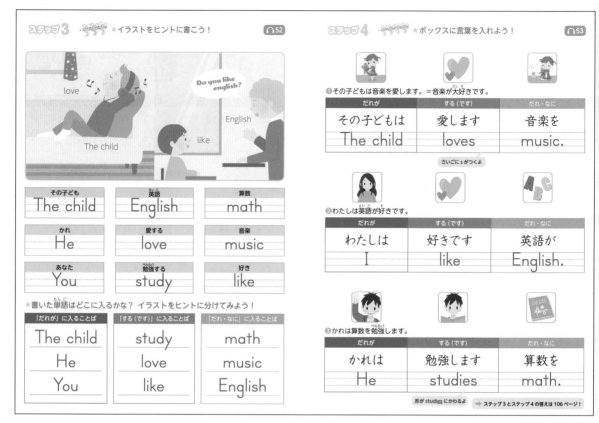

● 64、65 ページ

● 71 ページ

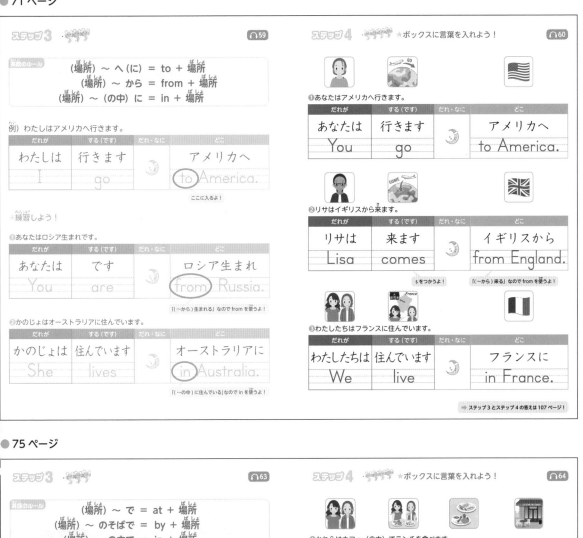

● 75 ページ

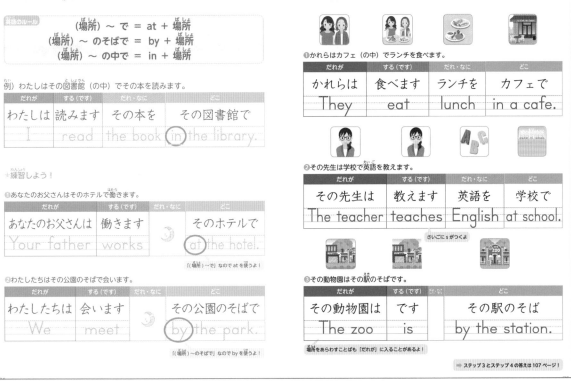

答え

● 79 ページ

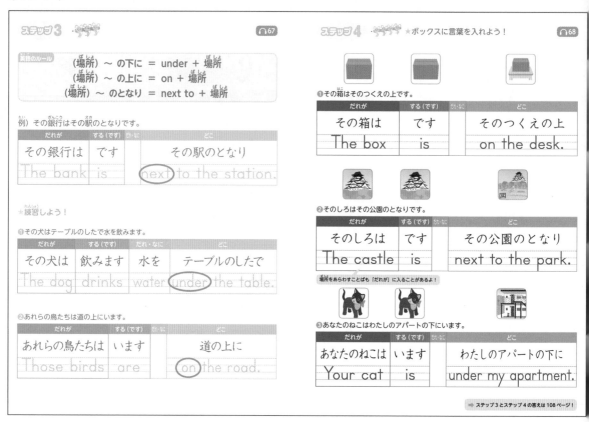

ステップ3 ∩67

英語のルール
(場所) 〜 の下に = under + 場所
(場所) 〜 の上に = on + 場所
(場所) 〜 のとなり = next to + 場所

例) その銀行はその駅のとなりです。

だれが	する(です)	だれ・なに	どこ
その銀行は	です		その駅のとなり
The bank	is		next to the station.

★練習しよう！

①その犬はテーブルのしたで水を飲みます。

だれが	する(です)	だれ・なに	どこ
その犬は	飲みます	水を	テーブルのしたで
The dog	drinks	water	under the table.

②あれらの鳥たちは道の上にいます。

だれが	する(です)	だれ・なに	どこ
あれらの鳥たちは	います		道の上に
Those birds	are		on the road.

ステップ4 ★ボックスに言葉を入れよう！ ∩68

①その箱はそのつくえの上です。

だれが	する(です)	だれ・なに	どこ
その箱は	です		そのつくえの上
The box	is		on the desk.

②そのしろはその公園のとなりです。

だれが	する(です)	だれ・なに	どこ
そのしろは	です		その公園のとなり
The castle	is		next to the park.

場所をあらわすことばも「だれが」に入ることがあるよ！

③あなたのねこはわたしのアパートの下にいます。

だれが	する(です)	だれ・なに	どこ
あなたのねこは	います		わたしのアパートの下に
Your cat	is		under my apartment.

➡ ステップ3とステップ4の答えは108ページ！

● 81 ページ

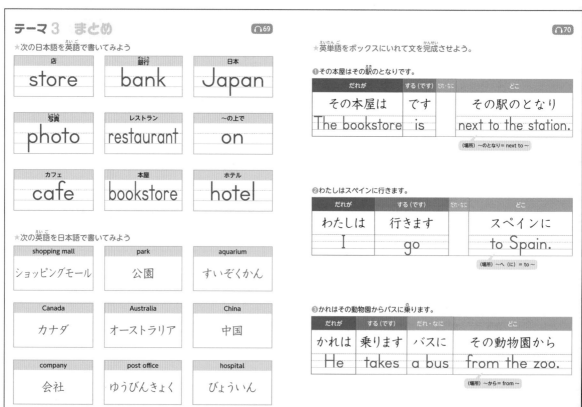

テーマ3 まとめ ∩69

★次の日本語を英語で書いてみよう

店	銀行	日本
store	bank	Japan

写真	レストラン	〜の上で
photo	restaurant	on

カフェ	本屋	ホテル
cafe	bookstore	hotel

★次の英語を日本語で書いてみよう

shopping mall	park	aquarium
ショッピングモール	公園	すいぞくかん

Canada	Australia	China
カナダ	オーストラリア	中国

company	post office	hospital
会社	ゆうびんきょく	びょういん

★英単語をボックスにいれて文を完成させよう。 ∩70

①その本屋はその駅のとなりです。

だれが	する(です)	だれ・なに	どこ
その本屋は	です		その駅のとなり
The bookstore	is		next to the station.

(場所) 〜のとなり= next to 〜

②わたしはスペインに行きます。

だれが	する(です)	だれ・なに	どこ
わたしは	行きます		スペインに
I	go		to Spain.

(場所) 〜へ (に) = to 〜

③かれはその動物園からバスに乗ります。

だれが	する(です)	だれ・なに	どこ
かれは	乗ります	バスに	その動物園から
He	takes	a bus	from the zoo.

(場所) 〜から= from 〜

● 87 ページ

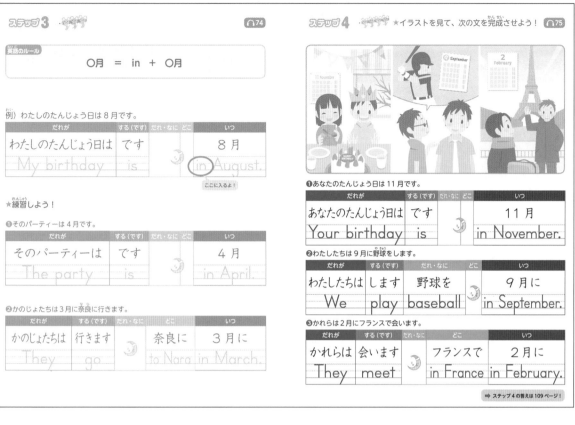

● 91 ページ

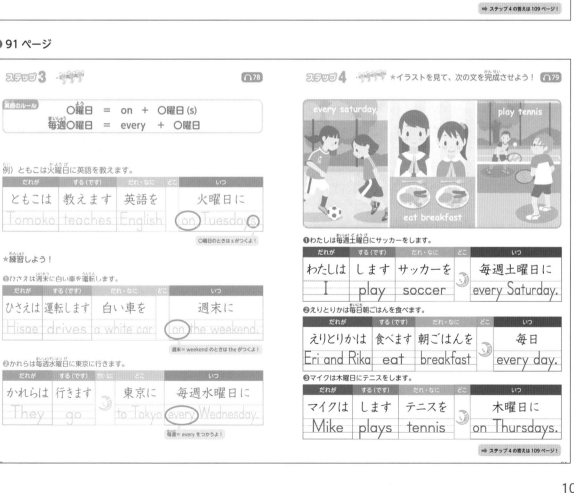

● 94、95 ページ

● 96、97 ページ

Well done!
おつかれさま！

●監修者紹介

田地野　彰 (Akira Tajino)

名古屋外国語大学教授。京都大学名誉教授。専門は、教育言語学・英語教育。言語学博士 (Ph.D.)。「意味順」に関する著書としては、『＜意味順＞英作文のすすめ』(岩波ジュニア新書、2011)、『「意味順」英語学習法』(ディスカヴァー・トゥエンティワン、2011)、『NHK基礎英語中学英語完全マスター「意味順」書き込み練習帳』(NHK出版、2014)、『「意味順」でまるわかり！どんどん話すためのカンタン英作文』(Jリサーチ出版、2018)、『「意味順」だからできる！絵と図でよくわかる小学生のための中学英文法入門』(Jリサーチ出版、2020)、「意味順ノート」(日本ノート)、『A New Approach to English Pedagogical Grammar: The Order of Meanings』(編著：Routledge、英国、2018) など。また、NHKテレビ語学番組Eテレ「基礎英語ミニ」(2012年度上半期) の監修やNHKラジオテキスト『基礎英語1』(2013年度・2014年度) にて「あたらしい英語の教科書」を担当。

●著者紹介

中川　浩 (Hiroshi Nakagawa)

東海大学国際教育センター講師。専門は英語教育学。教育学博士 (Ed.D.)。アメリカ・モンタナ州のCarroll大学を経て英語教授法の学位を取得。その後、アリゾナ州、カンザス州でアメリカ人を含む他国の学生に英語を教えるとともに、ESLプログラムを統括。Fort Hays State Universityで修士号取得、現地のESL教員養成プログラムの構築に関わる。約10年間アメリカにて英語教育を行ったのち、東海大学の講師となる。2017年にNorthcentral Universityで博士号取得。自身の異文化経験を背景に学習者一人一人の英語力を伸ばす授業や教材づくりを心がけている。著書は『「意味順」で学ぶ英会話』(日本能率協会マネジメントセンター出版、2015) など。
Twitter @Hironakagawaa

カバーデザイン／イラスト	有限会社ウエナカデザイン事務所
本文デザイン／DTP	平田文普
本文イラスト	Tsuki、佐土原千恵子
音声録音・編集	一般財団法人英語教育協議会 (ELEC)
ナレーター	Karen Haedrich、水月優希

「意味順」だからできる！
小学生のための英単語ドリルはじめの一歩2

令和3年（2021年）4月10日　　　　初版第1刷発行

監修者　　田地野彰
著　者　　中川浩
発行人　　福田富与
発行所　　有限会社Jリサーチ出版
　　　　　〒166-0002　東京都杉並区高円寺北2-29-14-705
　　　　　電　話 03(6808)8801(代)　　FAX 03(5364)5310
　　　　　編集部 03(6808)8806
　　　　　https://www.jresearch.co.jp
　　　　　Twitter公式アカウント @Jresearch_　https://twitter.com/Jresearch
印刷所　　シナノ パブリッシング プレス